AF349929

UNE TRAGI-COMÉDIE

A

GÉROLSTEIN

PARIS

IMPRIMERIE H. COQUELIN

3, RUE PORTALÉS, 3

—

1885

IMPRIMERIE H. COQUELIN

3, Rue Portalès, PARIS.

EN PLEIN
GÉROLSTEIN

Il est, de par le monde, un charmant pays que nous appellerons, si vous le voulez-bien,... au fait, à quoi bon le dénommer? Donnez-lui donc le nom qui vous conviendra..

Comme partout, s'y joue la comédie humaine : monotone, triste, écœurante.

Après des désastres, aussi terribles qu'immérités, l'intéressant pays, dont il est question, s'applique surtout à reconstituer son armée. Il la veut nombreuse et disciplinée, aussi studieuse que vaillante; redoutée au dehors; aimée et respectée à l'intérieur.

Il n'est plus le temps où la principale occupation des officiers en garnison était de mettre à mal femmes et filles, rosser les maris mécontents, battre les amoureux jaloux et, qui plus est, contracter presque toujours des dettes, excusables jusqu'à un certain point, vu la modicité de la solde.

Au départ, le tambour du régiment réglait l'addition.

Aujourd'hui, plus de fredaines : le travail, le travail, toujours le travail et malheur à l'officier qui se permettrait la moindre incartade, la dette la plus minime!

A la première réclamation :

— Mise en retrait d'emploi !

Et allez donc ! La discipline avant tout !!!

Je n'en veux pour preuve que ce qui suit.

Ceci dit, oyez cette véridique histoire.

Le ministre de la Guerre de cet intéressant pays, se faisait aider, dans ses pénibles mais lucratives fonctions, par un sous-ministre.

Ce dernier possédait un frère, officier dans une arme spéciale.

Sous-ministre et officier avaient eu, il y a plusieurs années, la douleur de perdre leur père, homme justement honoré, plein de droiture et de délicatesse. On disait (il y a partout de méchantes langues) que le chagrin des enfants avait été quelque peu tempéré par la satisfaction qu'ils avaient éprouvée en se partageant la fortune paternelle, qui était plus que rondelette.

A peine papa réalisé (c'est ainsi que doivent s'exprimer les enfants de cette espèce, trop commune aujourd'hui), notre officier se mit à mener une existence auprès de laquelle celle d'un bâton de chaise n'est que de la Saint-Jean.

Les femmes et le jeu eurent bientôt raison de l'héritage paternel.

Que fit alors notre jeune et brillant officier?

Il emprunta, d'abord grâce à son nom qu'aucune tache semblait ne devoir jamais souiller ; grâce aussi à l'habileté avec laquelle il se faisait passer comme propriétaire de vastes domaines qui étaient prudemment restés en la possession de Madame sa maman.

Tout crédit a des limites. — Notre homme prostituait sa signature de droite et de gauche et, ne s'arrêtant plus en si beau chemin, il en arrivait aux expédients les moins avouables.

La situation devenait tendue, grave, voire même très grave.

Le sous-ministre s'en fût trouver le ministre et lui exposa la situation.

— Diable! diable! s'écria le ministre, il faut

aviser, scrongneugnieu, et subito. Envoyez-moi le galopin.

Aussitôt dit, aussitôt fait.

Notre jeune officier est mandé auprès de son chef suprême. Vous dire qu'il y vint d'un air triomphant, serait exagéré.

Mais il fallait obéir. Il vint.

— Jeune homme, lui dit le ministre, vous venez avec l'intime conviction que je vais vous mettre à pied.

Vous avez bien fait tout ce qu'il fallait pour que je vous y campe. Non ! rassurez-vous.

S'il s'agissait d'un malheureux officier sans fortune et sans famille qui, dans un moment d'égarement, aurait commis une peccadille quelconque, à l'instant même je le ferais rayer des cadres de l'armée, je serais implacable ; mes sévérités doivent être les mêmes pour tous ! C'est une bien belle chose que l'égalité !...

Mais vous avez un frère qui est mon collaborateur et qui m'a surtout vanté votre habileté. C'est cela qui vous sauve :

Deux peuplades, à demi-barbares, qui occupent leur part de notre planette à quelque trois mille lieues d'ici, se sont entre égorgées, il y a deux ou trois ans. — Jusqu'ici, cela nous était bien indifférent. Mais, voici que subitement, le besoin se fait sentir de nous procurer une relation exacte de cette guerre. Il me faut, pour cette mission, un homme habile, fort habile, excessivement habile, d'une habileté qui frise..... Vous me comprenez? Il s'agira de me procurer des renseignements que l'on n'obtiendra qu'à force de ruse, d'astuce... Je compte sur vous.

— C'est trop d'honneur, monsieur le ministre, répond notre jeune officier tout interloqué, mais...

— Pas de fausse modestie, jeune homme, reprit le ministre, d'après ce que m'a raconté votre frère, vous êtes fort, très fort.

Ce n'est pas parce que vous avez boulotté papa en deux temps et trois mouvements ; non, çà, ce n'est pas fort ; tout le monde peut en faire autant ; mais on m'assure que vous avez fait pour 12 ou 1,500,000 francs de dupes, grâce à votre nom, grâce aux subterfuges adroitement employés pour vous faire croire un gros propriétaire foncier. Oh ! alors, fort, très fort !

Vous avez su faire grand : vous êtes mon homme.

Vous aurez 24,000 francs d'appointements annuels, votre voyage gratuit et un homme de troupe à votre service.

Je n'ignore pas que vos appointements, étant

donné le petit train-train auquel vous étiez habitué, vous sembleront mesquins; mais je ne puis faire plus pour l'instant.

Vous avez déjà soulagé quelques contribuables d'une partie de leur avoir; c'est bien la moindre des choses que cette intéressante corporation vous entretienne sur un bon pied.

Allez, j'ai dit.

Que Mercure vous accompagne et vous protège.

L'officier se retirait, mais, soudain, se retournant :

— Non, monsieur le ministre, non, s'écria-t-il, je ne puis accepter !

Ce serait une lâcheté, une félonie de ma part. Et, n'y aurait-il pas complicité de la vôtre ?

Oui, c'est vrai, j'ai eu de grands torts ; j'ai fait des dupes, c'est encore vrai ; n'ayant plus un sou vaillant, je me donnais pour riche ; mais ce que vous me proposez, dans les circonstances présentes, ressemble trop à une fuite honteuse.

Si j'ai amoncelé l'orage sur ma tête, je saurai faire face au danger.

Oui, je partirai, mais si ma famille, consentant à distraire une très faible parcelle de son immense avoir, règle mes folies.

Je ne veux porter à l'étranger qu'un uniforme

sans taches. Le mien est sali, qu'on le nettoie d'abord. Ensuite, à vos ordres.

Le ministre, fort étonné de trouver ce regain de loyauté chez cet officier, fit appeler son sous-ministre.

— Votre frère, lui dit-il, ne consent à partir que si sa famille, s'imposant un bien léger sacrifice, étant donné sa grande fortune, liquide sa situation.

Après avoir un instant réfléchi, le sous-ministre roublard répondit :

— Soit, qu'il parte, nous règlerons.

— Parole d'honneur? dit l'officier.

— Parole d'honneur, répondit l'autre.

Mais voici ce que se disait « in petto » ce dernier :

— Vas, vas, mon bonhomme, cette promesse ne compte pas plus que celles que l'on fait à ses électeurs; et il n'y a plus aujourd'hui que les tout petits bourgeois ou les gens du peuple, pour se croire encore obligés par une parole d'honneur.

Vas toujours; lorsque deux ou trois mille lieues d'océan te sépareront de nous, il sera temps d'aviser. Ta fuite sera un fait accompli; lâcheté et félonie seront ton lot, mais, nous, nous garderons les monacos.

Et si, rongé par les remords, accablé par la

honte, humilié surtout d'avoir été ainsi refait par les tiens, toi qui roulais si bien les autres, tu en finissais avec l'existence dans un moment de suprême dégoût de toi-même et de tes proches, quel fier service tu nous rendrais !

Sur la foi des promesses qui lui étaient faites, l'officier s'embarqua.

Ministre et sous-ministre en rirent comme des baleines.

Le ministre trouvait plaisant d'avoir condamné les contribuables à 24,000 francs de pension annuelle, afin de punir ceux d'entre eux dont la bourse avait été allégée par son subordonné.

Quant au sous ministre il n'en revenait pas de la naïveté de son frère, et s'abandonnait mollement à des rêves dorés.

Or, qu'advint-il ?

Après plusieurs mois de séjour à son poste, alors qu'il croyait sa situation liquidée, son uniforme remis à neuf, l'officier apprit tout à coup que ses parents avaient tenu leurs promesses tout comme des promesses électorales.

Sentant alors qu'il avait été le jouet des siens, que tout était perdu pour lui, même l'honneur, l'officier comprit qu'il ne devait plus vivre et... il mourût !

Il n'ignorait pas que sa mort était le plus doux rêve de certains de ses proches ; que, lui mort, on n'avait plus à s'inquiéter de ses dupes ; qu'il augmentait dans de notables proportions les espérances plus ou moins légitimes de ses proscripteurs ; à cause de cela seulement, il eût tort de mourir.

Ainsi finit cette histoire aussi lugubre qu'instructive.

Mais nous retombons en plein pays de haute fantaisie.

Il paraîtrait que le ci-devant sous ministre (il ne l'est plus) sollicite de ses concitoyens une haute fonction élective.

— Plaisanterie ! direz-vous ; ces faits étant connus, quel est donc l'électeur qui pourrait avoir foi aux promesses d'un tel candidat, lui qui se délie si allègrement des serments faits à un frère.

Eh bien, voilà ce qui vous trompe et certaines personnes, se disant bien informées prétendent que notre ci-devant sous-ministre a de grandes chances d'obtenir ce qu'il désire.

La race des gogos est, dit-on, innombrable ; avec elle rien n'est impossible ; nous espérons, cependant qu'un tout petit peu de bon sens viendra aux électeurs.

Que ceux-ci veuillent bien méditer ce qui pré-

cède et réfléchir ; ils verront tout de suite quel de-
gré de confiance ils doivent accorder au ci-devant
sous-ministre.

— Et alors ?...

Alors, ils ne le nommeront pas ; ils se garde-
raient bien de donner aujourd'hui raison au vieux
dicton démodé :

> Quatre-vingt-dix-neuf électeurs de......,
> Et un mouton... etc......